D1983737

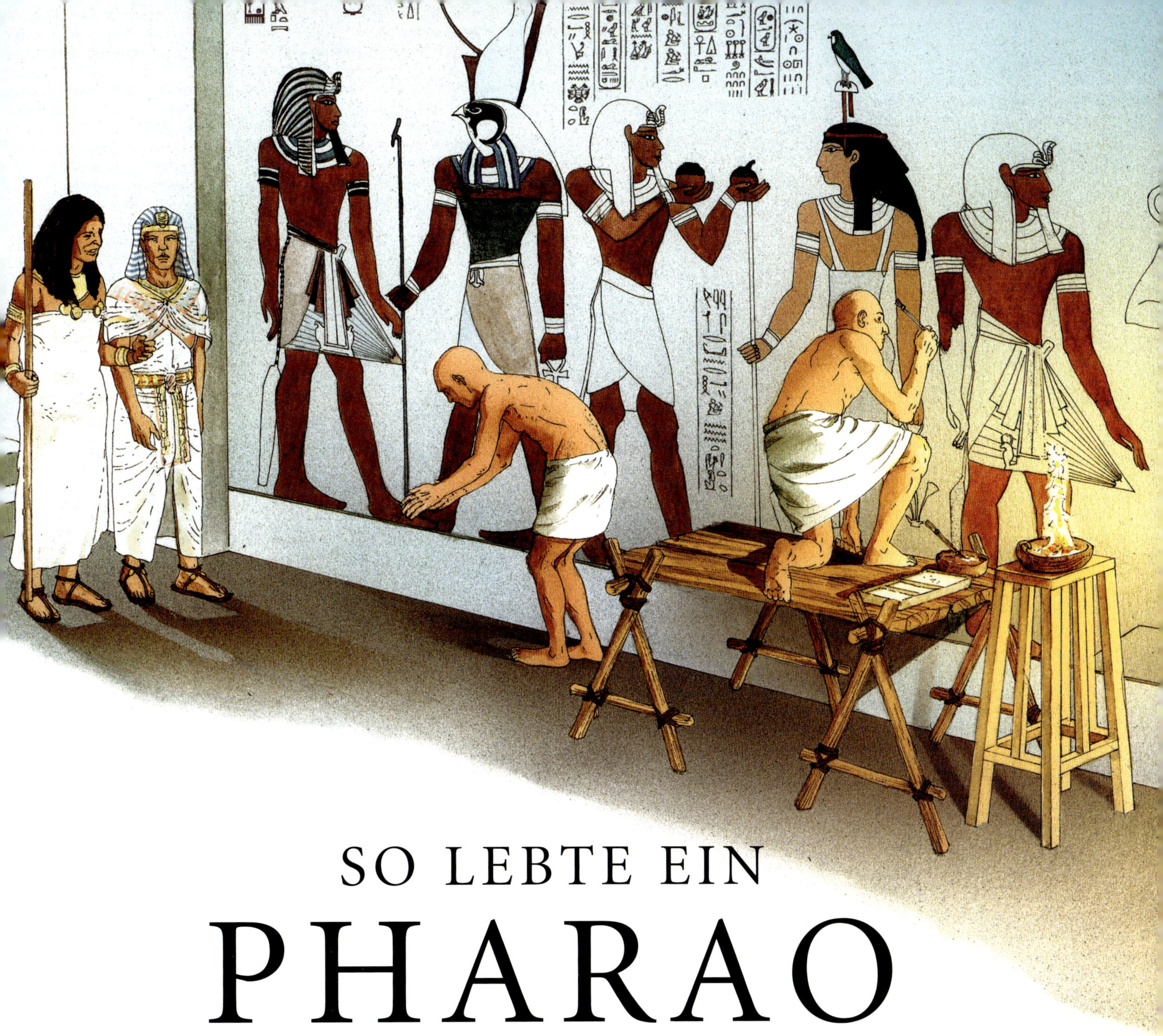

SO LEBTE EIN PHARAO

Emma Helbrough

Illustrationen: Inklink, Florenz

Die Originalausgabe erschien unter dem Titel
„A day in the life of a Pharao“ bei
Orpheus Books Ltd., 6 Church Green,
Witney, Oxfordshire, OX28 4AW

Copyright © 2011 Orpheus Books Ltd.

Konzeption und Produktion: Emma Godfrey,
Emma Helbrough, Rachel Coombs, Nicholas Harris,
Sarah Hartley, Orpheus Books Ltd.
Text: Emma Helbrough
Textbearbeitung: Annett Stütze
Fachberatung: Dr. Neal Spencer, British Museum
Fachgutachterin: Birgit Feierabend, M. A.
Illustration: Inklink, Florenz

1. Auflage 2011
© für die deutsche Ausgabe bei
Premio Verlag GmbH, Münster 2011

Aus dem Englischen von Matthias Häber

Alle Rechte vorbehalten.
Printed and bound in China.

ISBN 978-3-86706-122-3

www.premio-verlag.de

INHALT

Über dieses Buch 4
Wie lebten die Pharaonen? 6
Im Tempel von Karnak 8
Im Gericht 10
Eine Audienz 12
Auf dem Nil 14
Leben am Fluss 16
In der Wüste 18
Königlicher Besuch 20
Das Pharaonengrab 22
Wassersport 24
Das Opet-Fest 26
Zeit zum Entspannen 28
Worterklärungen 30
Antworten 31
Register 32

ÜBER DIESES BUCH

In diesem Buch verfolgst du das aufregende Leben eines Pharao im alten Ägypten während eines ganzen Tages. Sein Name ist Ramses und er hat wirklich vor über 3000 Jahren gelebt. Du erfährst viel darüber, was das Leben eines Pharao überhaupt ausmachte, wie er sich kleidete, was seine königlichen Pflichten waren, von seinen Hobbys und was er aß.

Alle Antworten auf Seite 31. **Das ist Pharao Ramses**

Die Zeitangaben

Auf den Doppelseiten siehst du immer links oben eine Uhr, die anzeigt, wie spät es innerhalb der Geschichte ist. In Wirklichkeit besaßen die alten Ägypter jedoch gar keine mechanischen Uhren wie diese. Sie waren noch nicht erfunden.

Die meisten Menschen nutzten Wasseruhren. Das sind mit Wasser gefüllte Schalen. Das Wasser läuft langsam durch ein Loch im Boden heraus. Die Zeit wurde gemessen, indem man den Wasserstand an den Markierungen in der Schale ablas.

Die Ägypter teilten ihren Tag in zwölf Teile. Jeder davon war zwei Stunden lang. Deshalb gab es auch zwölf Markierungen innerhalb der Wasseruhr. Im Gegensatz zu uns heute richteten die Menschen ihr Leben aber vor allem nach dem Rhythmus der Natur, also nach Tag und Nacht und den Zeiten der Flut und der Ernte, nicht nach der Uhr.

Hier siehst du, wie eine Wasseruhr funktioniert. Wenn das Wasser aus dem Gefäß abläuft, werden die Zeitmarkierungen sichtbar.

Das alte Ägypten

Die altägyptische Zivilisation begann sich in Nordafrika an den Ufern des Nils vor über 5000 Jahren zu entwickeln und blieb für über 3500 Jahre eine mächtige Kultur. Unsere Geschichte spielt um das Jahr 1270 vor Christus, also vor ungefähr 3300 Jahren. Zu dieser Zeit war Ägypten ein Land großer Gegensätze. Die reichen Leute, auch unser Pharao, lebten äußerst komfortabel, mit Dienern und Sklaven, die sie betreuten. Sie aßen gut und lebten in stattlichen Häusern. Aber die meisten Menschen waren arme Bauern. Sie arbeiteten hart, um das Land zu bestellen, und bauten Tempel und Grabstätten für die Reichen. Viele dieser Bauwerke stehen noch heute. Die bekanntesten davon sind die Pyramiden, welche erbaut wurden, um die sterblichen Überreste der frühen Pharaonen aufzubewahren.

Hier siehst du, wie eine Pyramide errichtet wurde.

WIE LEBTEN DIE PHARAONEN?

Die Kleidung eines Pharao

Es ist noch früh am Morgen, als Pharao Ramses, König von Ägypten, erwacht. Zwei Diener sind beim Waschen und Ankleiden zur Stelle. Um die Hüfte trägt er einen Schurz, ähnlich wie ein Wickelrock mit Gürtel. Den Kopf bedeckt er mit dem gestreiften Nemes-Tuch, dem Zeichen seiner königlichen Würde.

Stimmt das?

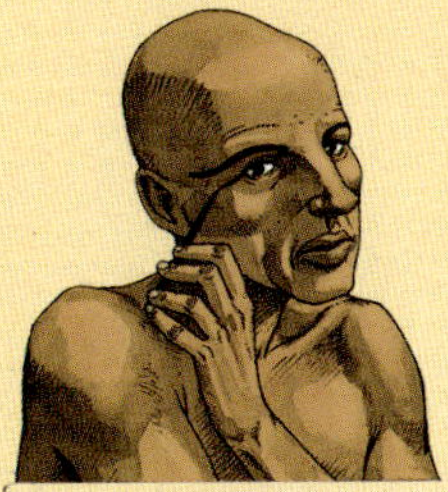

Frauen und Männer schminkten sich gleichermaßen im alten Ägypten.

Der Kopfschmuck des Pharao

Über dem Nemes-Tuch trägt Pharao Ramses ein Stirnband mit einer goldenen Kobra. Sie zeigt die Göttin Wadjet, die Beschützerin Ägyptens. Sie ist aufgerichtet, also bereit, den Pharao vor bösen Kräften zu schützen.

Seine Augen sind mit glänzenden schwarzen Linien geschminkt und mit Lidschatten verziert. Die Schminke soll die Schönheit unterstreichen und die Augen vor Krankheiten, Fliegen und der sengenden Sonne schützen. Der lange falsche Bart betont Ramses' Göttlichkeit, da auch Götter Bärte trugen.

Im Tempel von Karnak

Ramses als Hohepriester

Heute ist in Theben der Beginn des Opet-Festes. Es ist eines der wichtigsten religiösen Feste. Doch zunächst hält Ramses ein Treffen mit seinem obersten Ratgeber ab, der ihn über alle wichtigen politischen Belange informiert. Anschließend frühstückt er Brot und Früchte. Danach besucht er den Tempel von Karnak, um den dort lebenden Gott Amun-Ra, einen Schöpfungs- und Fruchtbarkeitsgott, zu „wecken“. Mithilfe zweier Priester wäscht Ramses die Statue des Amun-Ra, kleidet sie neu ein und opfert frisches Obst, heilige Lotusblumen und Wein.

Diese täglichen Rituale sind wichtige Aufgaben, denn man glaubte, dass der Gott sonst zürnen und Unglück über Ägypten bringen könnte.

Pharaonenquiz

Wie viele Götter wurden im alten Ägypten ungefähr angebetet?

a) 10

b) 100

c) 1000

IM GERICHT

Ramses als Richter

Mittlerweile ist es zehn Uhr. Ramses sitzt zusammen mit seinem Wesir im Tempel zu Gericht. Zwei Männer knien vor ihnen und flehen Ramses, den obersten Richter, um Gnade an.

Schriftgelehrte machen Aufzeichnungen, als der Wesir berichtet, wie die Männer beim Ausrauben eines Pharaonengrabes gefasst wurden. Ramses wird wütend, wenn jemand die Toten so wenig achtet. Grabräuberei gehörte zu den schlimmsten Verbrechen im alten Ägypten, und darauf steht die Todesstrafe.

Stimmt das?

Die alten Ägypter schrieben in Hieroglyphen.

EINE AUDIENZ

Die Gesandten

Am späten Vormittag sprechen Gesandte aus den Nachbarländern Ägyptens vor. Alle bringen großzügige Geschenke für den Pharao mit – goldene Gefäße, wunderschöne Teppiche oder Kleider. Diese Gaben sind Zeichen der Ehrfurcht, denn die starke ägyptische Streitmacht unter Ramses' Führung hat bereits viele Länder erobert. Die Gesandten wollen sich mit den Geschenken die Gunst des Pharao sichern. Zwei Botschafter aus Syrien haben ein ganz ungewöhnliches Geschenk mitgebracht: einen Braunbären! Der Pharao ist begeistert. Fortan wird der Bär in Ramses' Zoo leben.

AUF DEM NIL

Stimmt das?

Pharaonen wurden mumifiziert, da sie glaubten, ihren Körper im nächsten Leben noch zu brauchen.

Der Fluss als Verkehrsweg

Um ein Uhr verlässt Ramses den Tempel. Man trägt ihn auf einer Sänfte zum Nil, wo sein Schiff auf ihn wartet. Der Nil fließt auf seinem Weg ins Mittelmeer durch das Landesinnere von Ägypten. Wie immer herrscht auf dem Fluss reger Verkehr. Fast alle Ägypter nutzten Boote, denn es ist die schnellste und bequemste Art zu reisen. Auf besonders großen Booten werden Baumaterial oder riesige Statuen zu den Tempeln transportiert.

Die Segel werden gesetzt

Ramses und seine Begleiter begeben sich auf das königliche Schiff, und schon bald sind die Segel gesetzt. Der Pharao will seine Grabstätte besuchen und prüfen, wie die Bauarbeiten dort vorangehen.

Während die einfachen Leute auf kleinen Nachen aus kunstvoll geflochtenem Papyrus rudern, reist der Pharao auf einem stabilen Holzboot. Ein großes Segel treibt es an.

LEBEN AM FLUSS

Die fruchtbaren Nilufer

Den Nil flussabwärts passiert das Boot fruchtbares Ackerland. Ramses beobachtet, wie die Bauern Gerste und Emmer, eine alte Getreidesorte, ernten. In den Gärten wachsen auch Bohnen, Kürbisse und Melonen.

Die Überschwemmung

Bald schon werden die saftigen grünen Ufer während der jährlichen Überschwemmungen überflutet sein. Versickert das Wasser wieder, bleibt der fruchtbare Nilschlamm auf den Feldern zurück. Dann können sie wieder bestellt werden.

Plötzlich schreckt Ramses zurück – da schwimmt ein Krokodil! Vor diesen Tieren nimmt man sich besser in Acht, sie betrachten Menschen als willkommene Mahlzeit.

Stimmt das?

Pharaonen wurden stets in Pyramiden beigesetzt.

In der Wüste

Ramses' Lieblingssport

Die letzte Strecke auf dem Weg zur Grabstelle fahren Ramses und seine Begleiter durch die trockene, staubige Wüste. Dort kann Ramses seinem Lieblingssport nachgehen: der Löwenjagd.

Diese schnellen Raubkatzen zu jagen ist eine echte Herausforderung, selbst für einen so geschickten Jäger wie den Pharao. Bald schon entdeckt er zwei Löwen und die Jagd beginnt.

Eine Löwenjagd

Laut rasselt der Streitwagen über den steinigen Boden und wirbelt Sand hinter sich auf. Die Jagdhunde des Pharao bellen laut, sobald sie die Witterung der Löwen aufnehmen. Ein Diener hält die Zügel und lenkt den Streitwagen, während Ramses sein Ziel anvisiert. Die Löwen sind schnell, und Ramses wird wohl nur einen Pfeil abschießen können.

KÖNIGLICHER BESUCH

Das Dorf der Grabarbeiter

Gegen drei Uhr am Nachmittag erreicht Ramses das Dorf der Grabarbeiter. Das Arbeiterdorf liegt abgeschieden in der Hitze der Wüste, um den Ort des Grabes möglichst geheim zu halten. Das Königsgrab selbst liegt in den Bergen. Hier arbeiten Steinmetze, welche das Grab in den Felsen hauen, Zimmerleute, die die Hölzer für Dielen und Balken bearbeiten, Metallarbeiter, die Werkzeuge herstellen, sowie Töpfer, die Schalen und Gefäße formen.

Als der Pharao auf seiner erhobenen Sänfte durch die Straßen des Dorfes getragen wird, treten die Bewohner heraus, um sich zu verbeugen und ihn zu begrüßen.

Pharaonenquiz

Wie viele Jahre dauerte es ungefähr, ein Pharaonengrab zu bauen?

a) 5

b) 20

c) 50

In den Häusern

Während Ramses durch den Ort zieht, blickt er kurz in die Häuser der Arbeiter. Das Leben hier ist völlig anders als in den verschwenderisch ausgestatteten Räumen seines Palastes. Durch die winzigen hohen Fenster fällt nur wenig Licht in die Zimmer, dafür bleiben sie jedoch relativ kühl. Im hinteren Teil der Häuser stehen kleine Schreine. Dort beten die Familien jeden Tag zu ihren Lieblingsgöttern und bringen ihnen kleine Opfergaben.

DAS PHARAONENGRAB

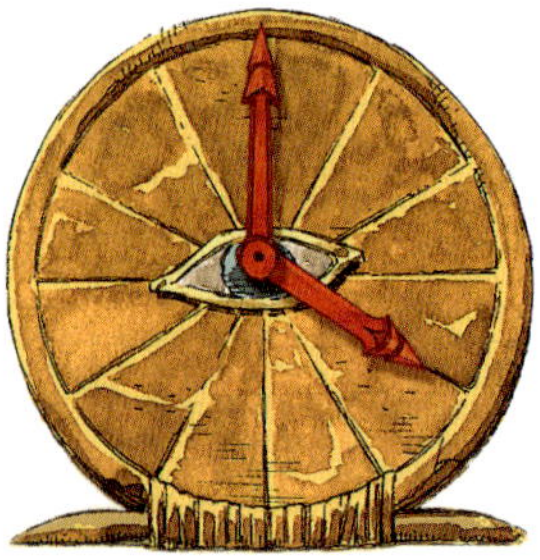

Verzierung der Wände

Es ist ungefähr vier Uhr, als Ramses zusammen mit seinem Wesir sein zukünftiges Grab betritt. Dort verzieren gerade Bildhauer und Maler die Wände mit Bildern und Hieroglyphen. Sie zeigen die Reise des Sonnengottes durch das Jenseits – so soll auch der Pharao seinen Weg ins Totenreich finden.

Wenn die Vorzeichnungen angebracht sind, werden zuerst die Umrisse eingemeißelt und dann mit schwarzer Farbe nachgezogen. Anschließend wird alles farbig gestaltet, die Maler mischen warme Rottöne, Gelb, Orange und sogar strahlendes Blau und Grün.

Diese Arbeit ist mühsam, denn die Männer können in der dunklen Grabkammer nur beim Licht einiger Öllämpchen arbeiten.

Herstellung der Farben

Um die Farben herzustellen, wurden zuerst farbige Steine, Tone oder Sand zu einem Pulver zerrieben. Diese Mineralien sammelte man in den Bergen oder am Nilufer. Das Pulver wurde dann mit Ölen und pflanzlichen Stoffen gemischt, um die unterschiedlichen Farbtöne herzustellen. Schwarze Farbe gewann man aus geriebener Holzkohle.

Pharaonenquiz

Was wurde zumeist mit dem Pharao begraben?

a) Goldschätze
b) Lebensmittel
c) Waffen

WASSERSPORT

Lautloses Anpirschen

Auf seinem Weg zurück in die Stadt Theben jagt Ramses die Wasservögel, die entlang des Nilufers im Schilf nisten. Lautlos gleitet er in einem kleinen Boot aus Papyrusschilf über das Wasser. Vorn im Boot sitzt die Katze des Pharao und beobachtet aufmerksam die Vögel, die erschreckt aufflattern. Katzen waren beliebte und verehrte Tiere in Ägypten, man hielt sie für die Tiere der Göttin Bastet.

Entenjagd

Sobald die Vögel auffliegen, schleudert Ramses geschickt einen krummen Holzstab nach ihnen. Ein Vogel plumpst getroffen ins Wasser, und schnell paddeln sie zu der Stelle.

Die Unruhe unter den Vögeln hat jedoch auch ein Nilpferd aufgeweckt, das im Wasser, döste. Zornig hebt es den Kopf und brüllt laut. Ramses' Diener paddelt eilig davon, denn ein Flusspferd sollte man nicht ärgern!

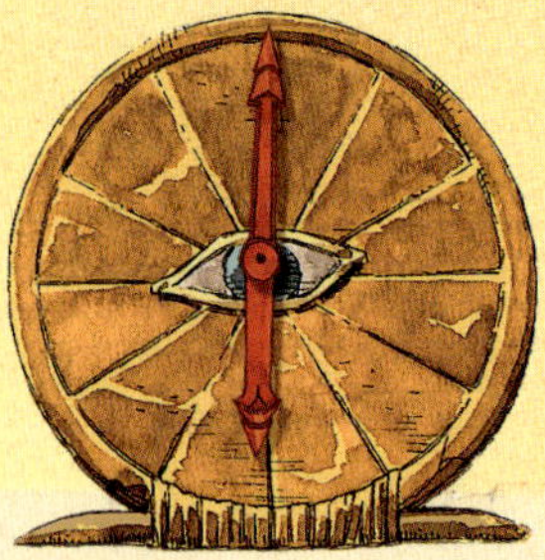

DAS OPET-FEST

Die Prozession

Zurück in Theben, bereitet sich Ramses auf das alljährliche Opet-Fest vor. Dabei werden die Statuen des Gottes Amun, der Göttin Mut und ihres Göttersohnes Chons auf heiligen Booten, den Barken, aus dem Tempel von Karnak getragen. Entlang einer Allee mit Sphinx-Statuen geht der Prozessionszug bis zum Luxortempel, begleitet von Priestern, Tänzern, Sängern, Musikanten und Soldaten. Viele Menschen verfolgen den Zug und jubeln den heiligen Götterstatuen zu.

Stimmt das?

Viele Tempel und Gräber blieben nach dem Untergang des ägyptischen Reiches unentdeckt.

ZEIT ZUM ENTSPANNEN

Erholung und Spiele

Es ist mittlerweile acht Uhr, und Ramses hat sich in seinen Palast begeben. Erst am Abend findet der Pharao ein wenig Zeit zum Entspannen und für seine Familie. Ramses hat mehrere Frauen, die in separaten Gemächern wohnen. Er ist auch Vater mehrerer Kinder. Mit einem seiner Söhne spielt der Pharao am Abend ein Brettspiel namens Senet. Da es noch immer sehr heiß ist, fächelt ihnen ein Diener kühle Luft zu. Tiy, der zahme Löwe, ist ein Symbol für die Macht des Königs.

Tänzer und Musiker

Nebenan wird getanzt und gesungen. Ein Harfenist singt ein beliebtes Lied. Er fordert dazu auf, das Beste aus der Zeit auf Erden zu machen, da das Leben nur ein Traum sei. Ramses versucht sich auf die Worte zu konzentrieren, aber die Melodie macht ihn nach diesem anstrengenden Tag schläfrig.

Pharaonenquiz

Welches Material war im alten Ägypten teuer?
Weißt du, warum?

a) Holz
b) Glas
c) Ton

(Tipp: Ägypten bestand zum Großteil aus Wüste)

WORTERKLÄRUNGEN

Gesandter – Jemand, der ein anderes Land als Stellvertreter seines eigenen Landes besucht.

Grabstätte – Ein Gebäude oder unterirdisches Gewölbe, in dem ein Mensch bestattet wurde.

Hieroglyphen – Eine Schrift aus Buchstaben und Bildern.

Mumie – Der Körper eines Toten, dem die Eingeweide entnommen und mit Salz das Wasser entzogen wurde. In Binden gewickelt und mit Öl einbalsamiert wurde er vor dem Verfall bewahrt.

Opet-Fest – Ein Fest, das einmal im Jahr in Theben, dem heutigen Luxor, gefeiert wurde.

Opfergabe – Ein Geschenk, das man einem Gott darbietet, um ihm Respekt zu erweisen oder ihn um etwas zu bitten.

Papyrus – Schilf, das am Flussufer wächst und zur Herstellung von Papier und Booten genutzt werden kann.

Pharao – Der König, oberste Priester und Herrscher im alten Ägypten.

Priester – Ein geweihter Mann, der in einem Tempel oder einer Kirche arbeitet.

Pyramide – Die Grabstätte eines Pharao mit vier schrägen Seiten.

Schreiber – Ein Beruf in der Beamtenschicht des alten Ägyptens.

Schrein – Ein Schrank oder Kasten, an dem Menschen zu einem Gott beten und ihn verehren.

Senet – Ein im alten Ägypten sehr beliebtes Brettspiel.

Sphinx– Eine Statue in der Form eines Löwen mit dem Kopf eines Menschen oder Widders.

Statue – Eine Skulptur, die einen Gott, einen Menschen oder ein Tier darstellt.

Streitwagen – Ein kleines Fahrzeug, das von Pferden gezogen und beim Sport oder auf Kriegszügen genutzt wurde.

Wesir – Der oberste Minister von Ägypten, der für den reibungslosen Ablauf aller Geschäfte des Landes verantwortlich war.

ANTWORTEN

Seite 7 – Stimmt! Im alten Ägypten war es Mode, sich zu schminken. Allerdings wussten die Menschen nicht, dass die von ihren benutzte bleihaltige Farbe giftig war.

Seite 8 – c. Im alten Ägypten wurden fast 1000 verschiedene Götter angebetet. Dabei wechselten die Lieblingsgötter. Für sie bauten die Ägypter Tempel, und ihnen brachten sie Opfergaben.

Seite 10 – Stimmt! Hieroglyphen sehen aus wie eine Bilderschrift. Zwar konnten nur wenige Menschen schrieben, doch so genannte Schreiber fertigten auf Papyrusblättern und Tontafeln Aufzeichnungen an.

Seite 14 – Stimmt! Die alten Ägypter glaubten, dass man nach dem Tode weiterlebt. Wer es sich leisten konnte, dessen Leichnam wurde mit Leinentüchern umwickelt und mit Ölen einbalsamiert. Für das Leben im Jenseits wurden den Toten viele Grabbeigaben mitgegeben.

Seite 17 – Nein! In frühen Zeiten wurden Pharaonen in Pyramiden bestattet, doch wurden diese häufig ausgeraubt. Spätere Pharaonen, wie Ramses, ließen sich in gut versteckten, unterirdischen Gräbern bestatten.

Seite 21 – b. Es dauert fast zwanzig Jahre, um eine Pyramide oder eine Grabstätte für einen Pharao zu bauen. Sobald ein Pharao den Thron bestieg, begann er mit den Vorbereitungen.

Seite 23 – Alle Antworten sind richtig! Pharaonen nahmen ihren gesamten Besitz mit ins Grab, also all ihre kostbaren Gefäße, Nahrung, Streitwagen u. v. m.

Seite 27 – Stimmt! Viele Grabstätten und Tempel blieben Jahrtausende unter Sand begraben. Vielleicht sind einige noch unentdeckt.

Seite 29 – a. Holz war sehr kostbar im alten Ägypten und nur den Reichen vorbehalten. Da in der Wüste kaum Bäume wuchsen, musste das Holz mit Schiffen von weit her gebracht werden.

REGISTER

A

Amun-Ra 8, 26

B

Bär 12
Boot 14, 16, 26, 30

D

Diener 5, 16, 19, 28

G

Gesandter 12, 30
Grabstätte 5, 10, 15, 17, 18, 20, 21, 22, 27, 30

H

Hieroglyphen 10, 22, 30

J

Jagd 18–19, 24–25

K

Kobra 7
Krokodil 17

L

Löwe 18–19, 8

M

Mumie 14, 30

N

Nemes-Tuch 6
Nil 5, 15, 16, 24
Nilpferd 25

O

Opet-Fest 8, 26–27, 30
Opfergaben 8, 30

P

Palast 21, 18
Papyrus 24, 30
Priester 8, 30
Pyramide 5, 17, 21, 30

S

Schminke 7
Schreiber 10
Schrein 21
Senet 28
Sphinx 26
Statue 8, 14
Streitwagen 19, 30
Syrien 12

T

Tempel 5, 8, 10, 14, 26–27, 30
Theben 24, 26

W

Wasseruhr 4
Wesir 10, 22
Wüste 18, 20, 29

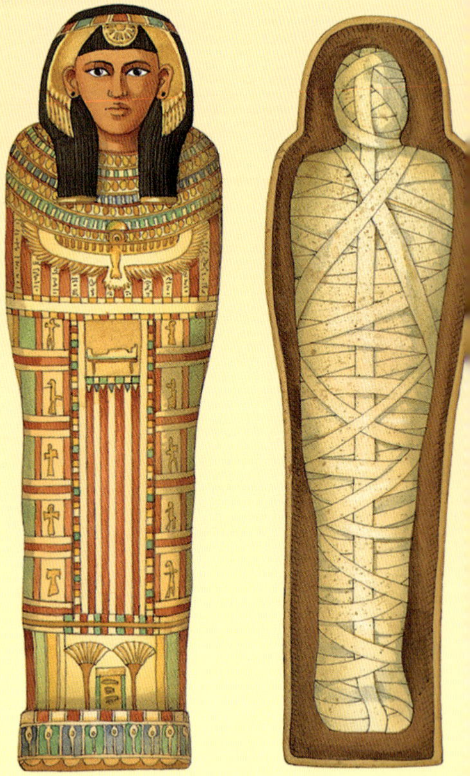